PIERRE BRUYANT

TROIS INNOCENTS

GUILLOTINÉS

(Épisode du ministère Fouché sous le Consulat)

> Non, tu n'entreras pas dans l'histoire, bandit !
> . . . .
> Tu resteras dehors et cloué sur la porte.
> (Victor Hugo).

BELLÊME

IMPRIMERIE DE GEORGES LEVAYER

1904

PIERRE BRUYANT

TROIS INNOCENTS
GUILLOTINÉS

(Épisode du ministère Fouché sous le Consulat)

> Non, tu n'entreras pas dans l'histoire, bandit !
> . . . .
> Tu resteras dehors et cloué sur la porte.
> (Victor Hugo).

BELLÊME

IMPRIMERIE DE GEORGES LEVAYER

1904

TROIS INNOCENTS GUILLOTINÉS

(Épisode du ministère Fouché sous le Consulat)

> Non, tu n'entreras pas dans l'histoire, bandit !
> ....
> Tu resteras dehors et cloué sur la porte.
>
> (Victor Hugo).

Le 30 nivôse 1801, pendant une fête donnée en son hôtel, rue Dorée (actuellement n° 89), à Nogent-le-Rotrou, par M⁰ de Mauduison, la police venait arrêter son fils, Jean de Mauduison, et son gendre, Auguste du Moustier, marquis de Canchy (1).

Bien qu'ayant été prévenus officieusement de leur arrestation imminente, quelques heures auparavant, par le commissaire de police, nommé Boulardière, les jeunes gens, croyant à une erreur, avaient refusé de s'enfuir. Ils étaient inculpés, leur avait annoncé le commissaire, d'*attaques de diligences*, et cette accusation leur avait paru si ridicule qu'ils se figuraient n'avoir qu'à se livrer à la justice pour que leur innocence indéniable fût reconnue. Il est facile toutefois de se représenter l'émoi provoqué par cet incident pénible au milieu d'une réunion joyeuse. On se quitta, les larmes aux yeux, avec un certain serrement de cœur, mais sans angoisse, comme pour une courte séparation. Qui aurait pu se douter que l'échafaud attendait ces deux innocents ?

Ecroués immédiatement à la prison de la ville, alors au château de Saint-Jean, les jeunes gens furent dirigés le lendemain sur Chartres. Malgré les renseignements très favorables fournis par le préfet d'Eure-et-Loir, corroborant ceux du chef d'escadron de gendarmerie du département, du sous-préfet, du commandant d'armes et du lieutenant de gendarmerie de

---

(1) Nous signalons tout particulièrement parmi nos références historiques le livre très documenté de M. Carré de Busserolle : *L'enlèvement du sénateur Clément de Ris*. Les *Affiches d'Angers* de 1801 contiennent le compte rendu du procès. Dans son roman, *Une ténébreuse affaire*, Balzac a traité le même sujet, mais en le dénaturant complètement.

Nogent-le-Rotrou, MM. de Canchy et de Mauduison furent maintenus en arrestation sur l'ordre de Fouché, ministre de la police, qui, dans une note brève et impérieuse, les déclarait *certainement* coupables de l'enlèvement du sénateur Clément de Ris et du vol commis dans son château. Cette grave accusation ne reposait sur rien, mais Fouché, comme nous allons le voir, avait à sauver sa situation et sa tête, et il n'hésita pas devant un nouveau crime pour couvrir ses méfaits précédents.

Durant les premiers mois de l'année 1800, la situation intérieure était encore indécise, et le gouvernement avait à lutter contre une opposition qui trouvait à l'étranger de puissants appuis. Il aurait suffi d'une défaite sérieuse de nos armes pour encourager l'audace des mécontents, des royalistes en particulier, qui, malgré leurs échecs répétés, caressaient toujours l'espoir d'une restauration, à laquelle l'opinion publique, avide de tranquillité, aurait peut-être momentanément fait crédit. L'homme prodigieusement habile qu'était Fouché ne pouvait pas négliger son avenir, et il se ménageait des intelligences dans tous les partis, oscillant de l'un à l'autre, suivant les évènements. C'est pourquoi, de concert avec Sieyès, Talleyrand, Moreau, il préparait les voies à un nouveau gouvernement. Lequel ? Les conspirateurs n'étaient pas bien fixés sur ce point, mais Fouché s'y réservait sûrement une des meilleures places. A cette condition, il était prêt à devenir le soutien *provisoire* d'une monarchie bourbonnienne ou orléaniste, après avoir été un révolutionnaire fougueux, un terroriste impitoyable, puis l'un des protagonistes de la république plébiscitaire, en attendant sa métamorphose en thuriféraire de l'Empire. En 1804, il sera un de ceux qui conseilleront au Premier Consul de faire un exemple et de terrifier les Bourbons en arrêtant le duc d'Enghien, fusillé quelques jours après dans les fossés de Vincennes.

D'abord oratorien, Fouché avait abandonné les ordres au début de la Révolution. Élu député à la Convention, en 1792, il y trahit successivement les Girondins, les Dantonistes et les Hébertistes. Un moment flatteur de Robespierre, il contribue ensuite à sa chute mais il en subit le contre-coup et il est exclu de la Convention comme indigne. Il disparaît trois ans de la vie publique et il en profite pour réaliser une grosse fortune, plus ou moins honnête, dans les fournitures des guerres que lui a values la protection de Barras. Il remonte peu à peu à la surface, grâce à son génie de l'intrigue, et, en octobre 1799, il obtient le ministère de la police. Il seconde si adroitement Bonaparte au 18 brumaire qu'il commence, dès ce jour, à se rendre indispensable. Lié désormais à la fortune du Premier Consul, il était prêt à une nouvelle palinodie si l'étoile de Bonaparte venait à pâlir.

« Il transforme Paris en une vaste souricière. Il y attire les émigrés, les enveloppe de ses filets et ne les relâche que sur gages, extorquant des promesses, recueillant des « petits papiers », se ménageant ses judas, ses entrées même et ses complices aussi, des oreilles de correspondants, des femmes pour rapporter, des messieurs pour écrire, dans tous les châteaux de France et tous les hôtels de Paris; brocantant des consciences, élevant le chantage à la hauteur d'un procédé de gouvernement. Sept ans après les massacres de Lyon et les sacrilèges de Nevers, il prenait ses sûretés, creusait ses passages, et, s'il arriva, en 1815, à se faire imposer comme ministre à Louis XVIII, c'est qu'il partit de la sorte en 1800 (1). »

Fouché avait donc profité de l'absence de Bonaparte qui commandait l'armée d'Italie pour le trahir à son tour, et il avait échangé une importante correspondance à ce sujet avec le sénateur Clément de Ris, autre caméléon politique, mais de minime valeur et de pitoyable caractère. Maître d'hôtel de la reine sous l'ancien régime, Clément de Ris s'était signalé, en 1793, par un jacobinisme exalté. Son intérêt l'oriente ensuite diversement, et, en 1799, il accepte, sans vergogne, de faire partie du Sénat conservateur. Grand officier de la Légion d'honneur et comte de Mauny, sous l'Empire, il deviendra pair de France sous

---

(1) Albert Sorel.
Autres jugements sur Fouché. — Fouché est le seul vrai traître que j'aie rencontré (Napoléon en 1815. D'après Thiers). — Ce fut une hyène habillée (Châteaubriand). — Il ne lui manqua rien en habileté, peu en bon sens, tout en vertu (Lamartine). Ce député nantais était un ancien prêtre qui ne croyait ni à Dieu, ni à la République ; il servait la Révolution comme il servit plus tard l'Empire et la Restauration, par ambition et par intérêt, et sans avoir le goût du sang, il proscrivait avec indifférence. Il n'y a peut-être pas eu parmi les terroristes, une âme plus perverse (Henri Martin). — Je ne connais pas de personnage plus répugnant et plus mal famé (Lord Roseberry).

Louis XVIII ! Ce sont de semblables apostasies que Béranger
flétrira plus tard dans sa fameuse chanson intitulée *Paillasse*.
Elles ont toujours été fréquentes aux époques troublées,
mais, de 1789 à 1816, s'en étalèrent de particulièrement impudentes.

Après le coup de foudre de Marengo qui pulvérise les espérances royalistes, Fouché tourne le dos à ses alliés de la
veille et se remet, avec un machiavélisme insigne, au service
de Bonaparte. Mais le sénateur Clément de Ris avait en sa
possession des papiers fort compromettants pour Fouché, entre
autres des affiches d'une proclamation pour un changement de
gouvernement, et de nombreuses lettres. Afin de recouvrer ces
papiers sans rien livrer lui-même de ce qu'il possédait et sans
être mêlé à des démarches périlleuses, Fouché charge un agent
secret, nommé Gondé, de simuler une attaque de chouans au
château du sénateur, à Azay-sur-Cher, près Tours, et de s'emparer par tous les moyens des précieux documents. L'expédition réussit, et, pour donner le change, les malfaiteurs volèrent
également de l'argent, des bijoux et de l'argenterie. L'attentat
eut lieu en plein jour, le 1ᵉʳ vendémiaire, an IX (22 septembre
1800), et les bandits n'étaient ni masqués, ni grimés ; ils
s'étaient seulement habillés comme des officiers de chouans,
avec des vestons à brandebourgs et des bonnets de cuir.

Mais Gondé, outrepassant stupidement les instructions de
Fouché, emmène le sénateur avec lui et l'emprisonne dans un
souterrain de la ferme du Portail, non loin de Loches. Pour
cette séquestration, le fermier Jourgeron et sa femme sont les
instruments passifs de leur propriétaire Lacroix et de sa femme
dont Gondé avait exploité la bêtise. La justice, aussitôt mise en
mouvement, n'arriva à découvrir ni les auteurs de l'enlèvement,
ce qui s'explique, puisque Fouché les protégeait cyniquement (1), ni la retraite du sénateur. Celui-ci, après dix-neuf
jours de séquestration, est délivré, la nuit, d'une manière
mélodramatique, et ses prétendus libérateurs sont des émissaires du ministre de la police, sous le commandement de

---

(1) Fouché dit un jour à Gondé, qui a révélé ces propos par la suite : « Je
ne veux pas que vous me nommiez les personnes qui étaient avec vous, à moins
qu'elles n'aient besoin de moi ; *je ne ferai rien pour les connaître, pour les
poursuivre.* » Voir Carré de Busserolle.

l'agent Carlos Sourdat, qui se donnent même un moment comme officiers royalistes. Toujours les mêmes impostures !

L'émotion causée par ces évènements était générale, et d'autant plus vive que le mystère, était plus impénétrable. Bonaparte, préoccupé de ce qu'il croyait être un réveil de la chouannerie, envoya un de ses aides de camp, le général Savary, diriger une enquête sur place. Elle ne devait pas aboutir, par suite des imbroglios créés par Fouché, et l'affaire languit quelque temps. L'arrestation tardive, et malencontreuse pour Fouché, des époux Jourgeron et des époux Lacroix ne semble pas néanmoins avoir trop inquiété le ministre.

Tout à coup éclate l'explosion de la machine infernale. Ici, il importe de rapprocher les dates. L'arrestation de Canchy et de Mauduison a été décidée et effectuée dans le mois qui suivit l'attentat de la rue Saint-Nicaise. Il est infiniment probable que Bonaparte reprocha violemment à Fouché non seulement de ne pas avoir prévenu le complot, mais encore de ne pas avoir découvert les coupables de plusieurs attentats antérieurs et particulièrement de l'enlèvement du sénateur Clément de Ris. Fouché acculé, craignant une disgrâce qui aurait entraîné des révélations désastreuses, résolut d'embrouiller de plus en plus les choses et de livrer aux rigueurs des lois des innocents, qui devaient — ce sont ses propres paroles à ses espions — *tout endosser*. Les agresseurs du sénateur étant au nombre de *six*, il fallait présenter *six* accusés ; ce ne fut pas très compliqué.

Maintenant, une question se pose. Pourquoi Fouché choisit-il comme victimes *MM. de Canchy et de Mauduison* (1) avec

(1) La famille de Mauduison était une vieille famille du Perche, d'origine écossaise, a-t-on dit, mais que nous croyons plutôt très française. L'analyse étymologique du nom, tel qu'il est le plus souvent orthographié, car il est parfois écrit *Montduisson, Mauduisson*, nous fait reconnaitre le préfixe *mau* (mal) si fréquent ; *duison* pourrait être un diminutif de *duis* (sorte de barrage de rivière pour arrêter le poisson de fond). Les deux parties du mot *mauduis* ne sont pas rares dans notre vieille langue. On peut aussi envisager les modifications de la forme *maudisson*.

En 1620, on trouve dans un acte de baptême de Nogent-le-Rotrou, comme assistant de la princesse Charlotte-Catherine de La Trémoille, princesse de Condé, François de Mauduison, « *escuyer*, conseiller et serviteur du Roy, maison et couronne de France ».

Un peu plus tard, un autre François de Mauduison est curé d'Argenvilliers, puis chanoine de la collégiale de Saint-Jean, à Nogent.

En 1666, François de Mauduison, d'Argenvilliers, gendarme du roi, est quatre comparses, dont trois furent acquittés. Ce coin du voile n'a pu encore être complètement soulevé et ne le sera sans

porté parmi les exempts de taille, alors qu'une Françoise de Mauduison, veuve Pierre l'Hermite, sieur de la Moisière, est condamnée à payer la taille.

Au XVIIIᵉ siècle, on compte plusieurs Mauduison dans l'armée. En 1777, Charles de Mauduison, *écuyer*, seigneur de Préval, ancien mousquetaire de la reine, épouse Françoise-Victoire de Meaussé, fille du marquis de Meaussé et il a de son mariage *Jean-David-Charles de Mauduison* et *Françoise-Victoire de Mauduison*. Son frère, Nicolas-Charles de Mauduison, *écuyer*, seigneur d'Oursières (Argenvilliers), épousa une autre fille du marquis de Meaussé, Marie-Antoinette-Désirée de Meaussé. Les deux frères furent délégués à l'Assemblée de Bellême de 1789, chargée de nommer des députés aux États-Généraux, et on ne les qualifie d'aucun titre. Ils combattirent ensuite en Vendée, ainsi que le jeune Mauduison, et moururent tous deux au retour de l'émigration. C'est alors que Jean de Mauduison prit son domicile à Préval (Sarthe), au château de la Matrassière, tout en habitant presque constamment chez sa mère, rue Dorée, à Nogent-le-Rotrou. En 1799, Françoise de Mauduison épousa Auguste-Émile-Nicolas du Moustier, marquis de Canchy, demeurant à Chartres, qui avait été, lui aussi, officier vendéen. Le marquis de Canchy avait, avant son mariage, des liens de parenté avec les Mauduison ; il était cousin issu de germain, ainsi que sa femme et son beau-frère, de Philbert de Carpentin, seigneur de la Galaisière, ancien officier de mousquetaires, chevalier de Saint-Louis.

Presque tous ceux qui ont étudié ce procès célèbre parlent du *comte* de Mauduison. Or, on a pu le constater, parmi les actes que nous avons retrouvés, se rapportant aux Mauduison, avant la Révolution, aucun ne stipule d'autre titre que celui d'*écuyer*. (Les écuyers étaient entre les chevaliers et les roturiers ; au dernier degré de la noblesse). Il paraît cependant que le titre de *comte* était d'usage courant dans la famille, mais nous en ignorons l'origine. D'autre part, l'acte de décès fort incomplet du malheureux Mauduison le déclare âgé de vingt ans, et l'on a répété partout cet âge. Nous n'avons pu, malgré nos recherches, nous procurer l'acte de naissance de Jean de Mauduison, mais il a signé, comme témoin, en frimaire 1800, l'acte de naissance de son neveu, et il y est désigné comme fils *majeur*. Il avait donc au moins vingt-deux ans lorsqu'il est mort.

Les armes des Mauduison étaient : d'azur au chevron d'argent, avec deux roses en chef, et en pointe un croissant, le tout d'argent.

Quant au *marquis de Canchy*, il appartenait à une très vieille famille, originaire de Normandie. Les du Moustier étaient seigneurs de Canchy, près de Bayeux ; de Goustranville, de La Motte, etc... Il subsiste des vestiges importants du château de Canchy, pillé et brûlé pendant les guerres de la Ligue, et qui est encore la propriété de la famille.

Les archives de Malte mentionnent, dès 1348, un Jean du Moustier, comme ayant la garde des forêts du duc de Normandie. En 1369, Étienne du Moustier est huissier d'armes du roi et amiral de la mer.

En 1634, des lettres patentes de confirmation de noblesse sont accordées par le roi à Nicolas du Moustier, attestant « qu'il est sorti de noble race, que ses ancêtres ont toujours vécu noblement, qu'ils ont utilement servi les rois, nos prédécesseurs, tant dans la guerre que dans la justice... »

En 1697, de nouvelles lettres de confirmation de noblesse furent délivrées doute jamais. Fouché a-t-il pris au hasard sur la liste des chouans amnistiés? Ce choix sans motif, cette froide et sauvage exécution d'inconnus seraient tellement horribles qu'on cherche tout de suite autre chose. N'y avait-il pas d'ailleurs, en Touraine et dans les régions voisines, des émigrés beaucoup plus suspects et plus dangereux que Canchy et Mauduison!

Est-ce Gondé, qui, ayant résidé dans la Sarthe en 1800, les a désignés au ministre comme susceptibles de *tout endosser?* Pourtant l'espion Sourdat, le confident de Gondé, et qui connaissait les noms des coupables, exprima par écrit à un de ses amis sa profonde surprise de l'arrestation de Canchy et de Mauduison. Une lettre du ministre de la justice, en date du 18 mars 1801, signale, d'après Fouché lui-même, cette dénonciation de Gondé qui n'aurait accusé d'abord que Canchy et Mauduison. Si cette dénonciation a jamais été écrite, elle a disparu avec bien d'autres papiers. Ce ne serait pas surprenant. Fouché, quittant le ministère, en 1810, brûla presque tous ses papiers secrets pour assurer sa sauvegarde, et aussi pour avoir le malin plaisir de voir son successeur, le général Savary, privé de sources d'informations indispensables, s'empêtrer dans ses difficiles fonctions.

Mais pourquoi le ministre aurait-il détruit cette pièce et pourquoi n'était-elle pas restée dans le dossier d'Angers? De toute façon, le logicien exécute Fouché avec un dilemme coupant comme un couteau de guillotine. Ou la pièce a existé et, insuffisante pour condamner puisqu'elle n'était pas appuyée par des preuves qu'on se serait empressé d'étaler au grand jour, elle présentait, de quelque côté, des dangers pour le ministre, puisqu'il la communique secrètement, la détourne

---

au même Nicolas du Moustier de Canchy, conseiller, lieutenant-général de la ville de Caen, maire politique et juge perpétuel de ladite ville.

En 1732, nouvel arrêt de maintenue de noblesse, rendu par le Conseil d'État, en faveur de François-Gabriel-Aimé du Moustier de Canchy, lieutenant-général au bailliage de Caen, et un autre, en 1749, pour Michel du Moustier de Canchy, seigneur de Goustranville.

En 1760, par la mort de Michel du Moustier, marquis de Goustranville, sa fortune et son titre de marquis revinrent à François-Gabriel-Nicolas-Aimé du Moustier de Canchy, cousin-germain du défunt et père d'Auguste de Canchy qui épousa la sœur de Jean de Mauduison.

Les armoiries des du Moustier, marquis de Canchy, sont : d'azur aux trois chevrons d'argent.

ensuite du dossier et la détruit ; ou elle n'a pas existé, et l'accusation s'effondre tout à fait, Gondé n'ayant pas paru à l'audience pour renouveler et développer verbalement ses dires. Il reste l'affirmation réitérée de Fouché ; c'est vraiment trop peu. Et sur quoi est-elle basée ? Mystère ! Est-ce Fouché, au contraire, qui a dicté à Gondé cette dénonciation et qui l'a supprimée ensuite ? C'est encore plausible, et l'on arrive à des conclusions identiques.

De tout cela ne peut-on déduire que le ministre avait des raisons personnelles pour charger de sa haine redoutable ceux qu'il accusait. Cette dernière hypothèse est très vraisemblable, mais on en ignorera éternellement les motifs. Fouché avait, paraît-il, des parents et amis à Nogent-le-Rotrou où il s'arrêta plusieurs fois, en allant à Nantes. Il est indéniable (les notes du ministre le démontrent clairement) qu'il s'est tout spécialement acharné contre Canchy et Mauduison. Pourquoi ? Les autres accusés étaient aussi d'anciens chouans, et Fouché avait les mêmes raisons politiques de les poursuivre. Ils étaient d'ailleurs tous amnistiés, et leur conduite en Vendée n'avait aucun rapport avec l'enlèvement du sénateur. On a dit que Mauduison avait signé de son nom, lors de la capitulation de Bellême, et qu'il s'était ainsi désigné aux sévérités de la police ; mais bien des émigrés notoires, rentrés en France avec un faux état-civil, n'en étaient pas moins connus de la police sous leur vrai nom. Canchy et Mauduison n'avaient donné lieu à aucune plainte, et les autorités consultées les défendirent catégoriquement contre l'inculpation étrange qui pesait sur eux.

Après avoir, avant la moindre enquête, déclaré coupables Canchy et Mauduison, Fouché écrivit, le 9 thermidor, an X, au préfet d'Indre-et-Loire :

« Dans le cas, citoyen préfet, où les nommés *Canchy, Mauduison* et *Gaudin parviendraient à se faire acquitter*, vous donnerez les ordres nécessaires pour les faire retenir en détention et conduire, sous bonne escorte, à mon ministère. Ces trois individus, les seuls de ceux arrêtés *qui m'aient été signalés d'une manière positive* pour avoir fait partie des brigands qui ont enlevé de chez lui le sénateur Clément de Ris ont encore donné lieu par leur conduite à *d'autres préventions qui exigent* qu'ils restent en arrestation, *jusqu'à ce que je me sois procuré les renseignements nécessaires pour les faire juger.* »

Fouché ne s'est jamais expliqué sur ces nouvelles accusations. Qu'on scrute tous les termes de cette lettre et l'on jugera que ce n'est pas le souci de la justice qui l'a inspirée. Ces phrases trahissent la fureur et l'inquiétude du ministre, en songeant que sa proie peut lui échapper et menacer sa sécurité. N'est-il pas permis de plus en plus de conclure que Fouché assouvissait ainsi une vengeance personnelle en même temps qu'il se tirait d'embarras ?

Un des avocats lance, dans sa plaidoirie, une timide allusion « aux hommes puissants qui avaient des vengeances à exercer ». Un autre demande « quelle puissance enchaîne toutes les langues ». Ces insinuations sont bien vagues, mais on y sent percer des soupçons que personne n'ose formuler nettement. C'était bien la *ténébreuse affaire,* ainsi que l'a nommée Balzac. Fouché s'était surpassé dans l'enchevêtrement de ses combinaisons perfides. Lui-même n'a-t-il pas recommandé à l'espion Sourdat *« que l'affaire soit bien embrouillée de manière qu'on ne sache pas la vérité. »* Un notable de Nogent-le-Rotrou, M. Fergon, parent de Canchy et de Mauduison, traduisait exactement l'impression des contemporains, lorsqu'il répétait toujours, longtemps après la condamnation : « *On n'y a jamais rien compris !* » Aujourd'hui, les patientes recherches de nombreux historiens ont inondé de lumière les machinations tramées dans l'ombre par Fouché dont le rôle est apparu dans toute son horreur.

Les dix accusés, — parmi lesquels un nommé Gaudin, ancien officier de chouans, chevalier de Saint-Louis, arrêté parce qu'il était borgne (1), un des brigands étant atteint de cette infirmité, — comprenaient encore le fermier Jourgeron et sa femme, et les époux Lacroix, considérés comme complices de la séquestration, alors qu'ils avaient cru naïvement obéir à une réquisition. Tous furent traduits devant un tribunal spécial. Quelque temps avant la fin de l'enquête, le Tribunat élaborait justement une loi pour la création de tribunaux criminels

---

(1) Le vrai coupable était un borgne, nommé Dubois, que ses compagnons surnommaient *Coclès.* Clément de Ris avoua plus tard qu'il avait entendu, lors de son enlèvement, appeler plusieurs fois Dubois par son nom.

spéciaux, composés de juges civils et militaires, qui seraient chargés de la répression des attaques à main armée et dont les jugements seraient sans recours. On reconnaît là ces exécrables commissions mixtes qui, sous des noms différents, ont, à plusieurs époques, éclaboussé de sang notre histoire. N'ayant pas confiance dans le tribunal ordinaire, Fouché retarda le plus possible, de connivence avec le préfet d'Indre-et-Loire, Graham, la mise en jugement des accusés, et un article donnant à la loi un effet rétroactif combla ses désirs. Tout était préparé d'une manière scélérate en vue du but à atteindre.

Les débats s'ouvrirent, le 25 thermidor 1801, devant le tribunal spécial de Tours. Le sénateur Clément de Ris, sa femme et son fils, cités comme témoins, ayant assisté tous les trois à l'attaque des brigands, ne répondirent pas à l'appel de leur nom. On se rappelle que les bandits n'étaient ni masqués ni grimés; nous ajoutons qu'ils restèrent près d'une heure dans les appartements du château, que le sénateur n'eut les yeux bandés qu'au moment du départ et qu'il resta avec ses ravisseurs, toute la journée du lendemain, dans le souterrain du Portail. Ces témoignages étaient donc d'une absolue nécessité pour éclairer la justice, et bien que, contre toute attente et à la stupéfaction générale, on n'eût jamais confronté ces témoins avec les accusés, on espérait que cette confrontation aurait lieu le jour de l'audience. Or, le commissaire du gouvernement communiqua une lettre du sénateur excipant de sa qualité pour ne pas comparaître, attendu que la loi du 20 thermidor an IV « dispensait les membres des premières autorités de répondre aux citations les appelant hors de la commune où ils exerçaient leur emploi. » Quant à Clément de Ris fils, il envoya un certificat de maladie, et sa mère ne produisit aucune excuse. C'est que le sénateur n'avait pas été longtemps dupe des raisons qui avaient motivé l'attentat, et, se sentant à la merci de Fouché, il se réfugiait, ainsi que sa femme et son fils, dans un inqualifiable silence. Ils gardèrent jusqu'au bout leur honteuse attitude, et l'on imagine difficilement une lâcheté plus révoltante. Nous retrouverons à Angers les autres témoins.

Le tribunal de Tours, moins docile que Fouché ne le pensait, ordonna la confrontation des accusés à Paris avec le sénateur, sa femme et son fils. La Cour de cassation, s'appuyant sur la loi du 18 pluviôse an IX, qui avait créé les tribunaux spéciaux, cassa et annula l'arrêt et renvoya les accusés devant le tribunal spécial de Maine-et-Loire. En droit strict, l'excuse détestable du sénateur était peut-être justifiée ; il n'en était pas de même de l'absence de sa femme et de son fils. Cependant on n'exigea pas leur comparution. Tout, dans ce procès, est extraordinaire.

Le dernier acte du drame commença le 1er brumaire an X (22 octobre 1801). Le président Delaunay dirigeait les débats (1).

Dans tous leurs interrogatoires, les accusés avaient nié, avec une énergie inlassable, toute participation à l'enlèvement et au vol. La plupart ne se connaissaient pas et ne s'étaient jamais vus. Leurs déclarations ne varièrent pas, et l'accusation ne put en tirer le plus léger indice de culpabilité.

Assistons au défilé des principaux témoins à charge. Les vingt-quatre premiers, presque tous d'Azay et de Tours, ont entrevu dans la rue ou vu dans leur maison de commerce, avant l'enlèvement du sénateur ou le jour même, des étrangers suspects, qu'après l'attentat ils ont supposés être les brigands. Quinze de ces témoins — et ce sont précisément les hôteliers et commerçants ayant eu un plus long contact avec les étrangers suspectés — ne reconnaissent aucun des accusés. Neuf autres déclarent reconnaître, tantôt Canchy, tantôt Mauduison, tantôt Gaudin, tantôt leurs coaccusés, mais principalement Canchy et Mauduison dont les figures tranchaient sur celles de leurs compagnons d'infortune. Canchy portait des favoris, des *nageoires*, comme on disait à l'époque ; un des brigands également. Huit témoins reconnaissent Canchy ; quatre, Mauduison ; trois, Gaudin ; deux, un autre inculpé, etc..... En résumé, les accusés sont tous reconnus, au moins par un témoin.

On se demande, avec les avocats, au milieu de cette confusion de témoignages, comment des hommes de bonne foi peuvent affirmer reconnaître des personnes aperçues seulement quelques minutes, dans la rue, plus d'un an auparavant. En admettant que ces témoins aient été sincères, n'y a-t-il pas chez beaucoup

(1) Les autres juges étaient : Boullet, juge au tribunal criminel ; Baranger, juge au même tribunal ; Gastineau, juge suppléant au tribunal civil ; Belville, capitaine de gendarmerie ; Carotte, capitaine de vétérans ; Viriot, capitaine-adjoint à l'état-major ; Grudais, homme de loi. Le commissaire du gouvernement s'appelait Gazeau.

de gens peu habitués à l'observation réfléchie une sorte d'auto-suggestion, augmentée par certaines ressemblances, qui les porte à voir un coupable dans tout accusé ? En tout cas, là encore, la fatalité accablait Canchy et Mauduison. Fouché était bien un *jettatore !*

Les autres témoins à charge se trouvaient dans le château, ou tout près, le jour de l'attentat. Une amie de Mme Clément de Ris, Mme Bruley et sa domestique, qui n'avaient pas reconnu Canchy à Tours, le reconnaissent à Angers. La femme de chambre de Mme Clément de Ris reconnaît trois des accusés, dont Canchy ; un domestique, quatre, dont Canchy et Mauduison ; un autre, trois, dont Canchy et Mauduison ; un jardinier, deux. Le maître d'office du sénateur, qui n'avait pas reconnu Canchy, à la première confrontation, le reconnaît à présent. Il hésite pour trois autres, dont Mauduison.

Une femme, Henriette Volant, a *vu tous les brigands de près*, à leur sortie du château ; elle n'en reconnaît aucun et elle spécifie, d'accord avec un autre témoin, que le borgne était plus petit que Gaudin.

Un nommé Petit, que les brigands ont emmené avec eux, rappelé deux fois à la barre, n'en reconnaît aucun non plus.

Les témoignages défavorables de cette seconde catégorie sont, au cours même des débats, frappés de suspicion. En effet, un témoin, étranger à l'affaire, affirme que Mme Bruley lui a dit regretter de ne pas l'avoir connu plus tôt, car il aurait déposé dans son sens ; et trois autres témoins, dont un gendarme, viennent déclarer que la femme de chambre de Mme de Ris a cherché à suborner Henriette Volant, lui disant : « Retenez bien votre leçon, reconnaissez le gros Canchy. » Cette femme de chambre accusait formellement non seulement Canchy mais deux autres accusés *qui furent acquittés*.

On peut légitimement supposer que la domesticité du château a subi pendant de longs mois l'influence du sénateur et de sa famille, terrorisés par Fouché. Le commissaire du gouvernement n'osa pas retenir une seule de ces dépositions. Les autres témoignages accusateurs étaient tellement bizarres et, par contre, les dépositions favorables en telle majorité, qu'il n'était pas permis aux juges d'étayer là-dessus une condamnation.

Et il y avait les témoins à décharge !

Canchy et Mauduison ont des alibis, dans plusieurs localités d'Eure-et-Loir, attestés par *douze* témoins qui les ont vus le 1ᵉʳ et le 2 vendémiaire et qui donnent les détails les plus circonstanciés. Comment auraient-ils pu se trouver en même temps à soixante lieues de distance ?

Gaudin fournit *six* témoignages établissant sa présence à Caen, le 1ᵉʳ et le 2 vendémiaire.

Les autres accusés ont *seize*, *quatre* et *deux* témoignages confirmant leurs alibis. Les deux derniers, les plus mal partagés, *n'en seront pas moins acquittés.*

Les époux Lacroix et Jourgeron avouent leur faute, issue de leur crédulité, tout en protestant que leurs intentions étaient pures. Il n'est pas question, dans le compte rendu du procès, qu'ils aient prononcé une seule parole accusatrice contre leurs coaccusés. S'ils avaient eu à leurs côtés, à l'audience, un seul des brigands, n'auraient-ils pas cherché à provoquer des questions qui auraient dégagé leur responsabilité, en démontrant leur véracité ? Eux, qu'on avait retournés sur toutes les faces, harcelés d'interrogatoires, ne se seraient pas cramponnés à cette branche de salut !

En somme, il n'y avait contre les *six* principaux accusés aucune preuve morale ou matérielle. Rien, absolument rien ne pouvait expliquer un attentat comme celui dont on les accusait. Pour ne parler que de Canchy et de Mauduison, c'étaient d'anciens officiers vendéens, il est vrai, mais gens d'honneur, qui jouissaient, ainsi que leurs familles, de l'estime générale. Dans quel but se seraient-ils livrés à une pareille opération de brigandage ? Quel avantage pour eux ou leur parti en auraient-ils retiré ? Voilà ce que l'accusation a été incapable de déterminer.

Il n'y avait pas non plus de preuve matérielle. La table des pièces à conviction resta vide. Qu'étaient devenus les papiers, les bijoux, l'argenterie volés ? (1) Quant aux preuves écrites —

---

(1) Goudé, ayant consulté Fouché sur l'opportunité de restituer l'argenterie, etc..., s'attira cette réponse du ministre : « Gardez-vous en bien ! Je ne pourrais plus dire que ce sont des brigands qui l'ont enlevée. » Fouché rendit un jour à Clément de Ris une montre en or à laquelle ce dernier tenait beaucoup. Malgré son étonnement de voir le ministre détenteur du bijou, le sénateur ne posa aucune question. Il savait à quoi s'en tenir, et la crainte de Fouché

correspondance des complices, etc. — elles manquaient totalement. Fouché ne prit même pas la peine de fabriquer de fausses pièces, ce qui lui eût coûté fort peu. Il se contenta d'envoyer des renseignements *secrets*, très défavorables aux accusés et qui, en admettant qu'ils fussent vrais, ne se rattachaient pas à l'affaire. Le préfet et le commandant de gendarmerie d'Eure-et-Loir; le sous-préfet, le commandant d'armes, le lieutenant de gendarmerie, le commissaire de police de Nogent-le-Rotrou, qui sont sur place, ne trouvent aucune charge contre Canchy et Mauduison. Et Fouché en a, et elles sont tellement sérieuses qu'on ne les communique pas à la défense ! Aussi, l'un des avocats, dans les généralités de sa plaidoirie, s'écrie-t-il : « Des renseignements *secrets* vous désigneraient des victimes parmi les accusés ? Non, vous n'êtes pas de dociles instruments. Des renseignements suppléeraient aux preuves ! » C'est pourtant ce qui arriva.

Le commissaire du gouvernement abandonna l'accusation contre trois des principaux inculpés, et tous ses efforts se concentrèrent, dans un réquisitoire qui dura cinq heures, sur Canchy, Mauduison et Gaudin, contestant leurs alibis indiscutables, basant son argumentation sur la dénonciation de Gondé et sur les affirmations de Fouché. Comme si, en pareille matière, toutes les affirmations valaient une bonne preuve, sauf pour les consciences faciles, les esprits faibles ou asservis !

Toutes les pièces du procès avaient été envoyées au fur et à mesure au ministère de la police, sur l'injonction de Fouché, et toute l'enquête fut dirigée par lui, en dehors même du ministre de la justice. Ces manœuvres louches et illégales portèrent leurs fruits. Plusieurs documents décisifs furent soustraits à la défense, entre autres un rapport d'un lieutenant de gendarmerie concernant l'identité des individus qui avaient délivré le sénateur. On évita ainsi des dépositions qui, même volontairement incomplètes, auraient fait une trouée irréparable dans le fragile édifice de l'accusation et bientôt écrasé Fouché et ses

était le commencement de la sagesse. L'amère boutade de Chamfort était destinée, par avance, à flétrir Fouché : « En voyant les brigandages des hommes en place, on est tenté de regarder la société comme un bois rempli de voleurs *dont les plus dangereux sont les archers préposés à la garde des autres.* »

complices. D'autre part, un des témoins les plus utiles, l'espion Sourdat, dont on n'avait pu dissimuler le nom, fut mis par le ministre dans l'impossibilité de se rendre à la convocation. Le préfet de Loir-et-Cher et plusieurs fonctionnaires reçurent un ordre déguisé de ne pas bouger. Et le sénateur de Ris agonisait de peur dans son château (1) !

Parmi les plaidoiries, la plus émouvante fut celle de l'illustre Chauveau-Lagarde, le chevaleresque défenseur de Marie-Antoinette, avocat de Canchy et de Mauduison. Mais la magnifique éloquence de Chauveau-Lagarde, qui détruisit totalement l'accusation, devait se briser contre la terrifiante influence occulte qui hallucinait le président et les juges.

Cependant il y eut un peu de résistance. Voyant faiblir ses assesseurs, le président Delaunay les réunit à sa table et, à la fin du déjeuner, leur souffla l'ordre de Fouché. Il leur exposa « qu'il serait d'un exemple regrettable et dangereux au premier chef de prononcer l'acquittement en masse d'un si grand nombre de chouans et d'ennemis du gouvernement; que, **s'ils n'étaient pas positivement reconnus coupables, ils n'en avaient pas moins cent fois mérité la mort dans d'autres circonstances** » (2).

Paroles atroces qui auraient dû faire bondir d'indignation tous les convives! Mais l'ombre terrible du ministre de la police planait sur eux. On s'arrangea pour livrer au moins à Fouché ceux que réclamaient ses implacables appels, et les juges, à la presque unanimité, ne furent plus que des valets sanguinaires, des pourvoyeurs de guillotine. Un seul, le capitaine Viriot,

(1) Clément de Ris avait pourtant déclaré dans une effusion de franchise « que celui qui était désigné comme le chef des ravisseurs n'était pas au nombre des accusés, qu'il le savait de bonne part. » Mais son courage s'était évanoui au seuil du prétoire. Chauveau-Lagarde se servit très habilement de cet aveu : « Le chef véritable, que Clément de Ris sait être libre aujourd'hui, peut être retrouvé, condamné avec ses complices, condamnation incompatible avec celle des accusés que nous défendons maintenant et démonstrative par elle-même d'une innocence qui ne pourrait plus être qu'inutilement proclamée. Quel remords ! »

Gondé fut arrêté, en 1804, à Bruxelles, sous l'inculpation de complot, et la lettre du ministre de la justice stipule que ce Gondé était « celui qui avait dirigé le plan et l'exécution de l'enlèvement du sénateur. » Conduit à Paris, Gondé fut bientôt interné *comme fou* à Bicêtre. Tout commentaire serait superflu.

(2) Brochure du capitaine Viriot.

resta inébranlable. Les débats lui avaient dessillé les yeux ; il se rappela avoir signé, quelques jours après l'enlèvement du sénateur, les passeports pour l'Angleterre d'individus suspects, munis d'un sauf-conduit du ministre de la police. Il adjura ses collègues de l'écouter, de ne pas se déshonorer par un meurtre juridique. Ils persévérèrent dans leur monstrueuse aberration, et Viriot refusa avec une admirable obstination de signer l'indigne jugement. Il faut saluer ce juste qui ne souilla pas son uniforme par de criminelles complaisances et fut ensuite odieusement persécuté pour avoir voulu la justice.

Le 10 brumaire 1801, le tribunal d'Angers acquittait cinq des accusés, condamnait à six ans de gêne (réclusion) Lacroix et sa femme et à la peine de mort Canchy, Mauduison et Gaudin.

La jeune marquise de Canchy, qu'avait accompagnée à Angers M⁰ Jean Malgrange, belle-sœur du conventionnel Giroust, essaya de se suicider après la sentence. Elle en fut empêchée par Chauveau-Lagarde, qui se concerta aussitôt avec Viriot afin de faire une suprême tentative pour sauver les condamnés.

Tout était inutile. Dès le lendemain, Canchy (1), Gaudin et Mauduison montaient sur l'échafaud et mouraient en chrétiens résignés. Dans une lettre adressée à sa mère, le soir du jugement, le malheureux Mauduison jetait cette protestation désespérée : « Je suis assassiné et non jugé ! » Ce cri sincère et poignant enveloppe dans une réprobation collective et met au ban de la conscience humaine tous ceux qui ont aidé Fouché dans la perpétration de son infernal forfait.

Le capitaine Viriot s'était précipité à Paris, oubliant que les jugements des tribunaux spéciaux étaient exécutoires dans les vingt-quatre heures. De toute façon, il se serait heurté à une muraille de granit, il n'aurait pas arrêté une seconde le déclic du hideux couperet ; mais il paya de sa situation et de sa tranquil-

---

(1) Le marquis de Canchy avait un fils, Charles-Adolphe de Canchy, né le 2 frimaire 1800, marié en 1837 à Mlle Bathilde de Fou. Leur fils, M. Maurice de Canchy (1838-1903), a épousé, en 1867, Mlle Cécile de Bonardi. Quatre enfants sont nés de ce mariage, et la famille habite maintenant le département de l'Yonne.

Mme de Canchy, l'aïeule, épousa en secondes noces Armand Lesage Du Mesnil-Hurel (1765-1840), brigadier aux gendarmes rouges de la maison du roi Louis XVIII. Née en 1782, elle mourut en 1863.

lité son intervention auprès de Joséphine (1) et du ministre de la justice, Abrial.

Que pouvait ce soldat citoyen, qui, après avoir combattu les chouans en Vendée, stigmatisait si hautement ce guet-apens organisé contre ses anciens adversaires ? Que pouvait-il, tout seul, devant une puissance formidable de mal et de mensonge, à une époque où la presse libre était supprimée (2), à une époque où l'opinion était restreinte à un petit nombre d'hommes, ou hostiles aux infortunés par intérêt et courtisanerie, ou tremblants de se compromettre, ou condamnés d'avance, par leurs opinions, à ne pas être écoutés ?

Viriot lui-même, qui proclama jusqu'à sa mort ses inébranlables convictions républicaines, passa vite pour un factieux, partisan des chouans. Son refus de signer le jugement déchaîna la colère du Premier Consul. Bonaparte qui détestait les moindres velléités d'indépendance, d'ailleurs circonvenu, trompé par Fouché, qu'il craignait et dont il avait besoin, contribua à fermer la bouche au magnanime capitaine. Ce héros, rayé des cadres de l'armée, sans argent, ne put faire paraître que longtemps après une brochure tirée à un petit nombre d'exemplaires, dévoilant la scélératesse de Fouché et complétant les révélations de Gondé, de Sourdat et d'autres personnages mêlés à l'affaire.

Quant aux familles des accusés, on devine aisément leur indicible affliction et l'anéantissement de leur volonté, après la catastrophe. Canchy n'avait plus que des parents éloignés, son frère étant mort dans les rangs des émigrés, à Quiberon. Mmes de Mauduison mère et de Canchy avaient épuisé leurs

(1) Par le marquis de Meaussé, leur grand-père, MM. de Mauduison et de Canchy étaient parents des Tascher, autre vieille famille, très anciennement établie dans le Perche, et qui posséda longtemps le château de Pouvray (Orne). Un Meaussé, officier de la marine royale, avait ramené des îles Joséphine Tascher de la Pagerie, la future femme de Bonaparte. Elle offrit même en souvenir à M. de Meaussé une bonbonnière, conservée dans la famille du marquis de Canchy. Pourtant, Joséphine refusa de s'entremettre en faveur de ses cousins : sa pauvre petite cervelle, fascinée par Fouché, immobilisait les élans généreux de son cœur. La peur n'était pas uniquement sa mauvaise conseillère : sa coquetterie trouvait aussi son compte dans l'amitié du ministre qui lui accordait, en retour de certaines confidences, quelques miettes des fonds secrets, pour s'acheter, à l'insu de son mari, des robes et des chapeaux supplémentaires.

(2) Après le décret du 17 janvier 1800, il ne resta que *treize* journaux autorisés, et sous la menace constante de la suppression.

forces par dix mois de recherches ininterrompues, de démarches suppliantes et de larmes. Brisées par ces émotions effroyables, elles ne souhaitèrent plus que l'oubli, puisque rien ne pouvait leur rendre ceux qu'elles avaient si tragiquement perdus. Et puis, les parents et amis, foudroyés par la stupeur, étaient encore paralysés par une frayeur indéfinissable. Malgré les fugitives lueurs qui avaient traversé, par instants, les ténèbres de ce drame, on n'osait approfondir le mystère, on s'efforçait de s'illusionner, de n'y voir qu'une épouvantable erreur. Pour ne pas aviver leurs regrets, les proches, si cruellement éprouvés, repoussaient les autres pensées qui assaillaient parfois leurs tristes méditations. La clarté que Viriot avait voulu répandre avec tant de courage ne triompha que peu à peu des obscurités accumulées par de pervers agissements. Il serait trop long d'indiquer toutes les phases de cette lente conquête, dont nous avons résumé les détails essentiels, et qui a rendu l'honneur aux victimes de Fouché.

Nous vous blâmions comme chouans, mais, devant vos têtes sanglantes, nous nous inclinons avec douleur et respect, pauvres martyrs, et nous crions votre innocence. Si l'histoire réhabilite, sans maudire les juges, les innocents qu'a frappés l'erreur des hommes, elle ne se contente pas de réviser, à la face de l'univers, les iniques jugements, œuvres d'infamie et de crime. Les mains frémissantes d'indignation de l'historien clouent, à leur tour, et pour jamais, au poteau d'ignominie, dans la lumière fulgurante de la vérité, les noms des bourreaux, pour que, selon la prophétie d'un des défenseurs, la postérité « pâlissant en lisant la condamnation avec la preuve de l'innocence » flagelle les Fouchés et leurs complices d'un éternel mépris.

Pierre BRUYANT.

www.ingramcontent.com/pod-product-compliance
Lightning Source LLC
Chambersburg PA
CBHW060932050426
42453CB00010B/1966